LA TABLE CHAUDE

Nestor Jean

LA TABLE CHAUDE

Illustrée par Olivia T'hée

ÉDITIONS HORS COMMERCE

ISBN 2-910-599-39-6

L'avant-propos de l'auteur

Je ne connais pas de cuisinier digne de ce nom qui n'ait eu, loin de ses fourneaux, l'envie de transmettre une part de son expérience, de ses découvertes.

Quand je revois le bonheur de ceux qui ont dégusté mes dernières gourmandises, leur fidélité me semble mériter cet effort de leur offrir, comme dans un album de souvenirs, les morceaux choisis de ce qu'ils ont su goûter simplement : l'ouvrage délicat d'un artisan sincère.

Modeste héritage que ces dix-sept recettes qu'aujourd'hui j'ai plaisir à dévoiler dans le détail. Elles sont bien sûr les plus courantes, les plus faciles, et les amateurs me pardonneront de garder, pour moi et pour quelques-uns de mes amis, les plus élaborées.

En outre, je souhaite que ces recettes ne soient pas réalisées « à la lettre » car leur réussite tient essentiellement à cette part de laisser-aller que chacun peut introduire à chaque instant à la condition qu'il y apporte sa propre passion, qu'il découvre son propre sens de l'équilibre.

Chacune de ces recettes s'accompagne de quelques commentaires sur ses origines et quelques anecdotes sur les circonstances de leurs mises au point définitives. Et surtout, on pourra s'aider pour les présenter, des superbes croquis qu'Olivia T'hée, mon assistante, ma compagne dévouée, mon inspiratrice, a griffonnés tout au long de notre carrière de restaurateurs. Tout en étant précis, ces croquis sont assez peu directifs pour qu'on puisse s'en inspirer librement et les transposer même dans une cuisine de ménage, sur un coin de buffet, entre deux casseroles.

Nos créations les plus réussies ne sont-elles pas issues justement du désir le plus simple de goûter à la maison, les meilleurs produits travaillés dans les plus simples appareils ?

Nestor JEAN

La table des matières

Piécette de petite dessalée farcie à la surprise du chef

J'ai concocté l'essentiel de ce plat relevé comme un cadeau pour un ami, chef de grand talent qui, n'ayant pu conserver son restaurant, s'était retiré à la campagne avec une jeune plongeuse - dont il était d'ailleurs très épris - pour se consoler en lui transmettant bénévolement l'essentiel de l'art d'improviser avec le tout-venant et de maîtriser les premiers tournemains haut de gamme.

Piécette de petite dessalée farcie à la surprise du chef

☞ INGRÉDIENTS

Une jolie petite lotte très fraîche, salée, doucement décongelée à température ambiante.

Son maître queux, retiré dans une ferme à la campagne.

Un chauffeur, d'origine étrangère si possible, trempé, en panne, ramassé au bord d'une route avec au minimum deux morilles.

CONDITIONNEMENT DES PRODUITS

INSTALLÉ dans sa ferme avec sa jeune lotte, le maître queux est porté à ébullition par six mois de solitude et de fidélité. Il l'aura toutefois partiellement attendrie en la préparant à la façon des grands chefs avec leurs apprentis : initiation à la décongélation progressive, pétrissages et fourrages divers. La piécette est d'abord jouée à froid, le chauffeur, avec ses morilles, étant ramené, séché et réchauffé au coin du feu.

ÉLABORATION DE LA FARCE FAÇON SURPRISE

La façon surprise est nécessaire pour que la farce ne soit pas ramollie au moment de l'introduire. Le maître queux assoit la petite lotte face au chauffeur. Chaque geste, bien compris à la fois par son apprentie et par l'étranger est exécuté rapidement pour que le suivant s'enchaîne et évite les réactions de Lolotte qui pourrait se retirer.

Éviter surtout qu'elle ne commence à s'inquiéter de sa situation, la saisir, l'écarter, retirer très vite l'emballage de soie rose, en le glissant le long de la chair frémissante, le jeter au nez de l'étranger qui ouvre de grands yeux ébahis et sort alors, fort bien présenté, le fameux tendon aux morilles. Lolotte reste fascinée par la raideur du morceau totalement dégagé, prêt à servir. La piécette peut alors se dérouler, ainsi que prévu.

• • •

☞ SUGGESTION DE PRÉSENTATION
« À la tirette néerlandaise »

☞ CONSEIL DU CHEF
Sur fourneau traditionnel ou sur plaque électrique, laisser rissoler de la même façon.

DÉROULEMENT DE LA PIÉCETTE ET INTRODUCTION DE LA FARCE

L'étranger, à bonne température, attend le signe discret du chef lui signifiant qu'il peut farcir sa lotte à la mode de chez lui. Comme c'est la première fois qu'elle va être fourrée par un nouveau tendon, il est conseillé à celle-ci d'improviser un écartement destiné à faciliter l'ouverture de la large fente rosée nécessaire à l'introduction de la farce aux morilles dont elle n'a pas l'habitude. Farce qui doit toutefois être d'une taille raisonnable pour permettre un remplissage sans débordement.

« ENSUITE, C'EST FACILE COMME TOUT »

Quand la piécette est travaillée au batteur, notre farcie laisse détendre peu à peu ses chairs frissonnantes.

Lolotte, retournée, tremblante, est épluchée complètement et placée à bonne hauteur de tendon, accompagnée, dans la cuisson, par le regard attentif du chef.

Quand la piécette est travaillée au batteur, notre farcie laisse détendre peu à peu ses chairs frissonnantes, la durée du fourrage au tendon étant suffisante pour qu'elle soit parfaitement incorporée à la sauce et dessalée complètement par le savoir-faire étranger. On peut même lui souffler quelques encouragements tout en portant son propre tendon, si l'on en possède un, à ébullition, par un mouvement régulier assorti. Un second fourrage n'étant jamais inutile, si on le garde « al dente ».

Enfilade de bécasse aux trois poireaux et leurs coulis

Le plaisir de souffler les bougies…
Une spécialité copieuse se composant d'une succession de services, à la manière des longs repas de campagne, que j'ai conçue pour Olivia qui raffole de ces fumets variés. J'ai coutume de l'adapter tous les ans pour son anniversaire sans que sa gourmandise ne s'apaise, jusqu'à ce que je serve moi-même le gâteau.

Enfilade de bécasse aux trois poireaux et leurs coulis

☞ Ingrédients

La moelle du chef.

Une volaille préalablement préparée (comme la petite dessalée farcie).

Trois poireaux trempés :
un roux blond
un roux brun
un chauffeur à morilles déjà attendri
(pour simplifier, on utilisera, également, le lendemain, celui de la recette précédente).

LE MARCHÉ, CHOIX ET PRÉSENTATION DES POIREAUX

Pour les deux roux, on pourra les choisir tout prêts. La fraîcheur matinale permet en général au chef d'acheter rapidement de très bons produits (en fin de marché un excès de Pineau des Charentes risque de les rendre nerveux ou trop chers). Ceux-ci sont immédiatement plongés dans un bouillon classique de moule chaude au jus, poireau à peine blanchi, encore ferme, moelle du chef à volonté.

Il est inutile de ficeler la volaille, prête à l'emploi, ayant pris le goût par une nuit de marinade car, toujours meilleure réchauffée, elle est déjà prête à être réassaisonnée.

Sortir de leurs emballages les deux poireaux bien verts (un court et large pour le roux blond, un plus effilé pour le roux brun), sortir de son bouillon le poireau de marinade et les raffermir en les pétrissant légèrement, en les plaçant par ordre de taille. Le chef, qui se réserve le sien, aura enrobé de fourrure sa volaille, l'aura placée de façon à lui présenter les légumes qu'elle goûtera un par un, puis deux par deux et, selon leur goût, pourra rectifier l'ordre et leur mise en sauce.

• • •

☞ SUGGESTION DE PRÉSENTATION

« Au bonheur des volailles »

☞ CONSEIL DU CHEF

La fraîcheur dépendant souvent des précautions prises lors de l'ouverture des emballages, les quantités de farces prêtes à l'emploi sont aérées.

MISE EN PLACE DE L'ENFILADE

La jeune femelle, fendue normalement la veille, comme une lotte ordinaire, est épluchée et disposée à la façon des cochons de lait sur un lit moelleux. Habituellement, le fouet est inutile, car si l'incorporation se fait dans les règles, elle ne créera aucune difficulté. Son arrière-train doit être essentiellement cuisiné, la tête juste déposée sur le poireau du chef qui gardera sa moelle tout le temps du passage des trois poireaux bien beurrés.
Pour une jeune femelle, il est rassurant que le regard du chef soit attentif à la bonne enfilade, et il est important qu'elle ne soit pas interrompue : après le passage du premier poireau qu'on maniera doucement, la fente est immédiatement essuyée par le second qui ramasse l'excès de coulis et s'introduit plus profondément. L'enfilade du troisième, de la même façon, peut se faire avec l'aide d'un ou deux doigts qui pourront élargir la fente et l'imprégner mieux encore.

Cette première enfilade se termine par l'incorporation du poireau à la moelle du chef, touche finale indispensable à une bonne présentation. Des petits cris réguliers et progressifs accompagneront les enfournements successifs. Une volaille bien dessalée la veille doit pouvoir exprimer son goût pour cette succession d'enfilades et en régler elle-même le rythme.

Ne pas renouveler l'opération afin que sa jeune femelle ne s'en lasse point et puisse réclamer d'autres accommodements, si possible, encore moins attendus. Virer aussitôt les deux roux et le mariné.

Habituellement, le fouet est inutile, car si l'incorporation se fait dans les règles, elle ne créera aucune difficulté.

Duo de cailles fourrées sur canapé avec changement de garniture

Pour les plus conservateurs, ce délicieux mélange de goûts, surprenant surtout à la première dégustation, détend l'atmosphère, délie les langues et évite ces longs tête à tête face à la seule lumière d'un chandelier.
Les premières réticences disparaissent très vite dans une régalade festive dont Olivia et moi ne nous lassons pas.

Duo de cailles fourrées sur canapé avec changement de garniture

☞ Ingrédients

Une bouclée blonde engraissée en plein air (environ 70 kg).

Un beau frisé, pêché de préférence au bord de la Méditerranée.

Une ruelle de port bien chaude avec assortiment de badauds, dont un couple type « mer du Nord ».

Un canapé.

LA CUEILLETTE

Elle se fait vers midi, à l'ombre des tilleuls, en mai-juin quand toutes les variétés mer du Nord, mâles ou femelles sont, en général, comestibles. On choisira un couple adulte de bonne taille qu'on exposera au soleil sur un banc de bois en y réservant une place pour y déposer le frisé et la bouclée.

À la traditionnelle, il suffit en général de quelques œillades discrètes pour délier les langues (celles-ci serviront plus tard) et de quatre coupes de champagne (renouvelées éventuellement) pour détendre les chairs et les nerfs, et les empêcher de se rétracter au moment délicat du changement de garniture. On ira servir les coupes sur canapé en lumière tamisée si possible.

AFFINAGE, MARINADE ET PLACEMENT SUR CANAPÉ

On doit procéder très progressivement à l'incorporation des quatre parties de la recette car les badauds cueillis sur banc sont très rarement préparés au mixage.

On séparera avec délicatesse les deux cailles de leurs compagnons qui, réservés à la cuisine, pourront être arrosés d'un verre de complément. Plongées dans les confidences, les cailles, frissonnantes puis bouillonnantes, se sont débarrassées de leurs parures superflues au fur et à mesure

•••

☞ Suggestion de présentation

« À l'andouille éclatée »

☞ Conseil du chef

Le placement des garnitures sera fait à convenance, plutôt dressé, tandis que les cailles seront disposées bien à plat sur le canapé. Dans tous les cas, surveiller les réactions lors de l'inversion des farces.

de l'augmentation de la température. La plus dodue est épluchée la première car les cailles les plus minces étant les plus vives, c'est de la seconde qu'on obtiendra la surprise et l'excitation des deux mâles, sortis de la cuisine et placés sur le canapé.

Pour plus de commodité dans l'exécution de la suite de la recette, on dénommera les quatre parties de la façon suivante : « Mireille » pour la grosse caille à chair blanche, « Donald » et « Elsa » pour les badauds mer du Nord de ruelle de port, « Aldo » pour le frisé du sud.

FOURRAGE ET MIXAGE DES GARNITURES

On doit procéder très progressivement à l'incorporation des quatre parties de la recette car les badauds cueillis sur banc sont très rarement préparés au mixage.

La chair molle et blanche de la Mireille étant étalée largement sur le canapé, l'Elsa saisit fermement la partie la plus saillante du Donald, la roule entre ses paumes juste assez pour obtenir une farce de bonne taille, provoquant le regard noir de l'Aldo et le gonflement de sa garniture à la manière d'un soufflé. Très rapidement, elle doit alors libérer sa main gauche, saisir la garniture pour l'emboucher profondément, retenant le frisé de se rétracter du précieux goûter. Elle la garde, tendue grâce à une langue déliée, tout en introduisant la garniture du Donald à la place juteuse que la Mireille aura pris soin d'élargir en maintenant relevé le gras intérieur des cuisses.

Si ces deux gestes sont exécutés simultanément, la partie la plus délicate est réussie, car les mâles, bien pris en main, sont plongés à leur tour dans le bouillon. Le bouillon gras de la Mireille reste à feu doux, tandis que l'Aldo soulève l'Elsa pour l'enfourner, brûlante, en la retournant plus vivement.

Important : préparer avec soin le changement, car chacune des cailles doit conserver sa tendresse grâce au respect de son temps de cuisson. Ainsi se glisseront successivement les flots de la mer du Nord et le ressac méditerranéen sans que les grottes des cailles en soient noyées (trop imbibées, elles se dépiauteraient).

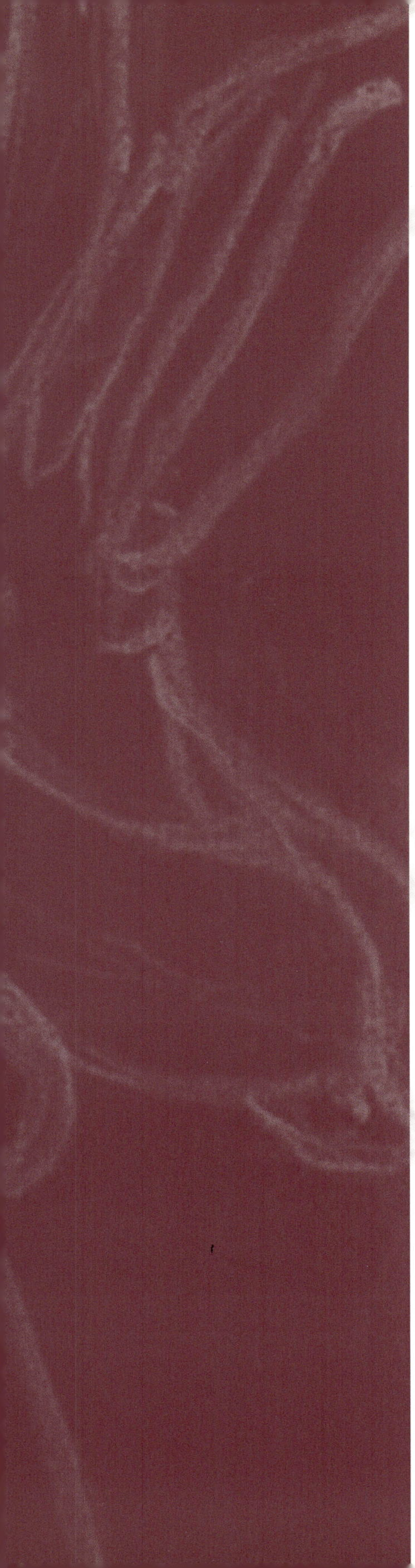

Carottes sauvages en pièce montée « Robe des Champs »

Ce sont deux de mes cousines, propriétaires aujourd'hui en Bretagne de la « Crêperie des baigneurs », qui m'initièrent très jeune à la gastronomie. Elles m'ont autorisé à reproduire ici l'essentiel de cette pièce montée que nous mettions au point à l'époque, avec bien des maladresses. Nous en avons toujours gardé précieusement la recette pour la nostalgie des parfums de fruits de mer.

Carottes sauvages en pièce montée « Robe des Champs »

☞ Ingrédients

Un Paris-Brest.

Une Charlotte en robe des champs avec sa moule crémeuse, façon cocotte.

Une Suzette, bretonne, parée avec sa moule fraîche, prête à farcir.

Une paire de baigneurs montés de carottes salées, à la nage.

PRÉPARATION DE LA VIANDE

LAISSER la Charlotte, en robe de toile écrue, se reposer sur un lit de sable tamisé, tiédi. Laisser monter la marée. Sautée des deux côtés par le chauffeur de semi-remorque qui l'a prise en stop de Paris à Brest, le récit de son trajet doit être assez piqué de détails croustillants pour que la Suzette soit retournée. Le label rouge de confusion garantit l'élevage de celle-ci en pension religieuse d'où on l'aura sortie brûlante. Le récit épicé de Charlotte doit se dérouler au moins quinze minutes pour que les culottes soient retirées bien chaudes et trempées. Plier à ce moment les pattes en les écartant légèrement.

Rabattre alors les robes des champs de manière à recouvrir les deux moules crues entrebâillées à la façon d'une cloche qui en retiendra les parfums.

INSTALLATION DE LA GARNITURE

Elle est composée des deux baigneurs attirés par le délicat fumet, qui, sitôt déposés par la marée, se glissent sous les cloches. Leurs museaux frétillants doivent aussitôt lécher tout le long des cuisses qui, ainsi détendues, s'ouvriront largement, dégageant les deux coquilles béantes.

•••

☞ SUGGESTION DE PRÉSENTATION
« À la Pointe du Raz, Finistère »

☞ CONSEIL DU CHEF
Si les pièces à travailler sont enduites sur toute leur longueur, elles n'attacheront pas et le coulis pourra se répandre uniformément.

Les deux langues pourront alors être trempées dans la sauce épicée et, à la façon goulue, mouiller encore les moules avant de les enfourner. Pendant ce préchauffage, on aura pris soin de frotter longuement les carottes sauvages sur toutes les parties chaudes sans les ramollir.

MONTAGE DÉFINITIF DE LA PIÈCE

Le récit épicé de Charlotte doit se dérouler au moins quinze minutes pour que les culottes soient retirées bien chaudes et trempées.

On procède toujours de la manière suivante : ne pas faire de manière et dresser la Charlotte sur les deux baigneurs en l'écartant bien, de façon à ce qu'ils puissent enfiler des deux côtés la Suzette. Si les robes des champs gênent, on préfèrera les relever plutôt que de les retirer bêtement. Enfournées très profond, Suzette et Charlotte chauffent encore dix bonnes minutes avant que l'on ne retire les carottes.

Reprendre l'enfournage autant de fois que celles-ci resteront fermes et changer la présentation en déplaçant les ingrédients de la façon qu'on voudra en soignant chaque étage.

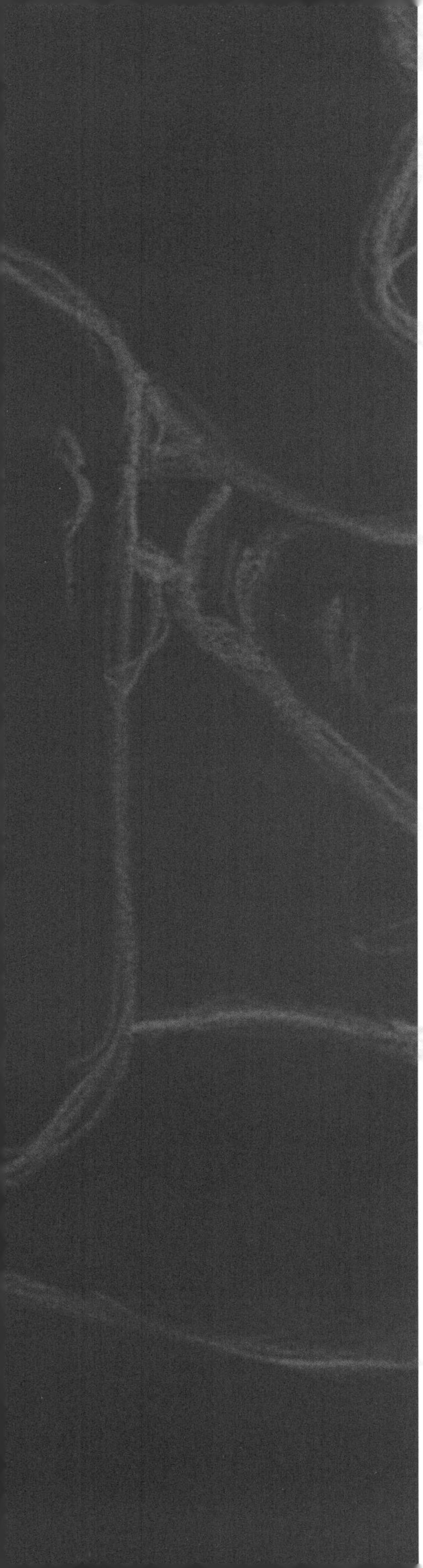

Paupiette de gras-double en marmite « comme à Tokyo »

Nous avons eu, bien sûr, notre période bio. J'en ai gardé cette fiche-cuisine détaillée que les douze kilos qu'avait perdus Olivia nous inspiraient. Rassasiés de légumes crus et de céréales complètes, un grand besoin de viande grasse nous poussa à monter cet original croque-monsieur qui n'a de japonais que son aspect yin-yang.

Paupiette de gras-double en marmite « comme à Tokyo »

☞ INGRÉDIENTS

Une paire de babas gauche-caviar (dont une paupiette très fine).

Un gras-double nippon composé de deux sumos (Sumonaga et Sumozaki) accompagnés de leurs bâtonnets de surimi.

Douze moules-frites à la bière de mars.

AFFINAGE DES DENRÉES ET DOSAGE DU MÉLANGE

LES GRAS-DOUBLES nippons présentent l'avantage d'être faciles à dénipper. On peut même ne pas retirer la ficelle et la petite peau qui retiennent leur bâtonnet de surimi. Ceux-ci peuvent gonfler par trempage sans être gênés par leur enveloppe. Pour ce faire, il est nécessaire d'accommoder le Sumonaga et le Sumozaki en les laissant macérer deux jours dans une sauce Montmartre : ils seront donc jetés dans un bouillon de poulbots, que l'on aura agrémenté d'un Sacré Cœur chantilly, d'une grosse américaine soufflée Mac Do et barbouillée à la place du Tertre. Si celle-ci est trop coûteuse hors saison, on peut prendre une reproduction à la place, moins chère. Pendant ce temps, imbiber légèrement les deux babas de bonne culture d'un peu de jus de Lang (14 ans d'âge, vieilli en fût d'Elysée), assez pour qu'ils restent frais (cool).

La paupiette ayant un goût irrésistible pour être plongée dans des marmites de toutes sortes, on regardera avec attention les émissions de recettes de Canal + du samedi soir, qui ont le mérite d'humidifier les ingrédients. Sautée à la gauche caviar, la paupiette cuisinera son baba jusqu'à obtenir une bonne pâte qui l'accompagnera de bon cœur, de préférence dès le dimanche matin, à la recherche d'une bonne marmite.

•••

☞ Suggestion de présentation

« En concentré pour deux volumes »

☞ Conseil du chef

Une paupiette bien garnie n'a pas besoin d'être ficelée et pour être sûr que le « comme à Tokyo » est réussi, on attendra que le gras-double pousse son fameux cri : « Sushi Sashimi Kawasaki Yakitori Honda ! »

INSTALLATION « MAÎTRE D'HÔTEL », MARMITE « COMME À TOKYO »

Prendre un tilleul-menthe au café de Flore dès l'ouverture. Les sumos, terminés par un bon french cancan au champagne afin de relever les bâtonnets de surimi un peu fades, seront à point.

L'incorporation des jaunes se fait très aisément en disposant artistiquement sur leur table des estampes françaises dont ils raffolent. Réserver à l'avance un lit de grande classe au Ritz (complet souvent). Laisser le baba l'aménager, y disposer la paupiette en kimono, au cœur du gras-double. Les replis dodus de chair rose et flasque doivent faire frissonner la paupiette qui se jette dans la dégustation, remercie le baba de se retirer en relevant son kimono pour le saluer plusieurs fois. Ainsi dégagée, elle peut s'offrir un bon doigt de sumo bien placé et commencer à travailler le premier surimi à coups de langue vifs. Aussitôt, le second peut remplacer le doigt de sumo déjà versé dans la flûte.

L'incorporation des jaunes se fait très aisément en disposant artistiquement sur leur table des estampes françaises dont ils raffolent.

À partir de là, beaucoup de fantaisies sont possibles, mais les dimensions du gras-double emplissant toute la marmite, on ne pourra apercevoir la progression de la grillade que par instants. Le secret du chef sur les nombreux retournements est donc à ce jour bien gardé. Pendant ce temps, le baba resté au repos dévore une bonne douzaine de moules-frites à la bière de mars, avec l'idée ambitieuse de s'introduire plus tard dans la marmite.

Afin d'apprécier toutes les finesses de l'Orient, relever légèrement quelques replis de sumo pour laisser apparaître la paupiette rissolée. Et, bien entendu, placer un peu de caviar à gauche, la présentation n'en sera que plus appétissante.

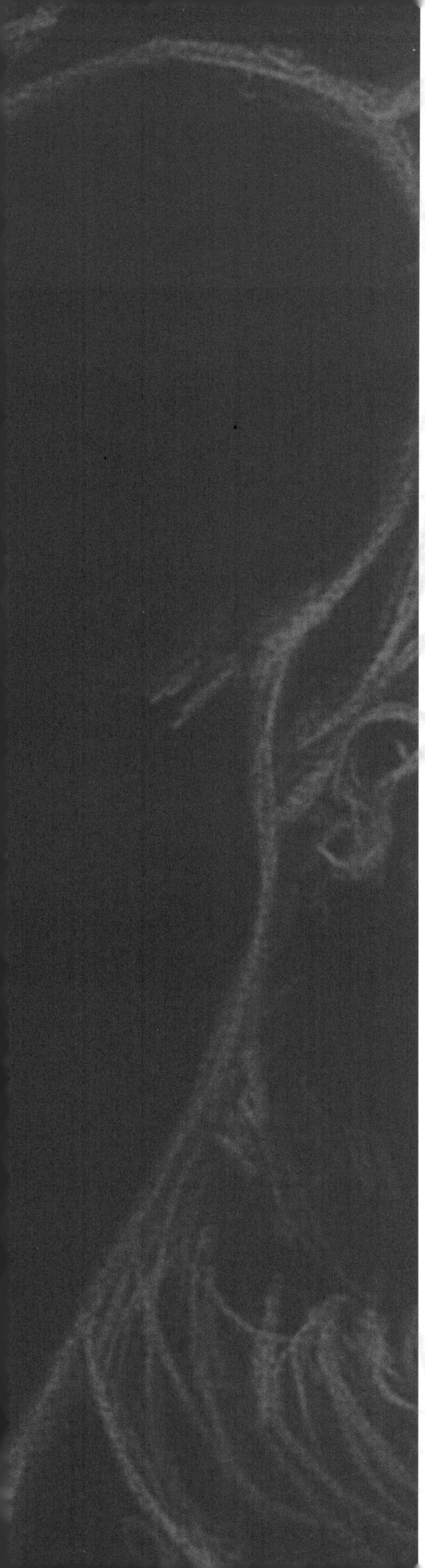

Crèche de moule rôtie « embûchée de Noël »

J'ai ramené de Slovaquie cette fantaisie qui, depuis le douzième siècle fait le régal de tous. Une recette à consommer en touriste. Pris sur le vif, les croquis d'Olivia ne reflètent que partiellement l'ambiance religieuse du service et de la présentation.

Crèche de moule rôtie « embûchée de Noël »

☞ INGRÉDIENTS & FOURNITURES

Un fait-tout bœuf boucher.

Une lèchefrite.

Une « embûchée » vierge pressée à froid.

Un Saint-Joseph à gros goulot.

QUELQUES PRÉCISIONS...

LES MOINES du douzième décrivaient si bien la crèche de moule que cette tradition de Noël n'a guère évolué depuis et que, chaque année, une nouvelle « embûchée » bien fraîche est mise en crèche « à la slovaque ». Un minimum de seize années est nécessaire pour qu'une vierge de village soit embûchable, c'est-à-dire, pressée à froid aux olives et à la moule. C'est le bœuf boucher qui, avec l'âne sacristain, effectue la vérification de fraîcheur sur paille en apportant les olives, tandis que les vierges se chargent des moules. Cette vérification est rigoureuse car il s'agit de n'en présenter qu'une seule au certificat délivré par le bourgmestre Saint-Joseph. C'est en effet dans le fait-tout de son Excellence, qu' elle trouvera l'expression juste de son goût de Noël.

SÉLECTION, LAVAGE, RINÇAGE ET PASSAGE À LA LÈCHEFRITE

L'âne saute d'un coup sur une moule, en écarte les lèvres avec soin, prend son pied délicatement pour le rincer à la lèchefrite jusqu'à le raidir un peu. La vérification de fraîcheur se fait sans forcer, au pieu. La petite, à qui l'on présente des images pieuses ne se rend même pas compte de l'angle parfait de l'écartement de ses cuisses blanches. La moule ouverte en « entrée de crèche », ainsi dégivrée, est très accueillante et le débitage, qui prépare au fameux passage au fait-tout, laisse dégorger deux bonnes heures le Jésus du bœuf, tandis que l'âne broute à l'entrée.

•••

☞ Suggestion de présentation

« À la bûche, crème au beurre, avec Jésus ressuscités »

☞ Conseil du chef

Toujours ouvrir les moules à la lame fine et les passer un instant à la lèchefrite avant de les ébouillanter une à une.

Alors que la moule ainsi accommodée n'a pas vraiment réagi, elle sera fort secouée par la suite car, beaucoup plus oral, l'examen du bourgmestre la remplit de saveurs jusqu'ici inconnues. Elle sait enfin bien l'Avé, ce qui est nécessaire pour chanter proprement.

Un bon âne de sacristie doit bien lèchefriter le pédoncule pour que le bœuf boucher débite fort.

UN EXEMPLE RÉUSSI : LE MENU COMPLET 1956

Cette année-là, les friandises des voyageurs se sont incorporées parfaitement à la crèche proprement dite. Un « Melchior », instrument oriental à grand manche, bien isolé, pour être tenu à pleine main sans brûlure ni cloque, et un « Balthazar », espèce de maffé aux cacahuètes africaines, complètement triqué, sont venus rôtir notre moule par hasard et en alternance, entre le bœuf et l'âne. Les villageois ont beaucoup apprécié. Ils étaient nombreux, disposés en cercle autour de la crèche. Chaque coup fourré était très applaudi, quand soudain, une, puis deux vierges non agréées se sont dégagées de la foule, se sont débarrassées de leurs jupettes slovaques traditionnelles pour se jeter sous l'impressionnant Balthazar. Nul n'a pu les retenir et, lorsque le Melchior les embûcha toutes, les applaudissements ont fusé.

Emballées par cette miraculeuse multiplication, de trop nombreuses moules plus ou moins fraîches se sont inscrites en 1957 et l'âne et le bœuf ont dû en mettre un coup.

LE SECRET D'UN BON FAIT-TOUT

Chaque année, le bœuf boucher et l'âne sacristain sont réutilisés, tandis que l'on ne change le bourgmestre que tous les sept ans lors de la cérémonie des crèches d'or. Le bourgmestre garde secret le mélange subtil de proportion Saint-Joseph-Saint-Esprit durant ces sept années. S'il est équilibré, le nombre de visiteurs de moules augmente et le bourgmestre garde sa place sept années supplémentaires. On le dit alors : « aux quatorze embûchées du gros goulot ».

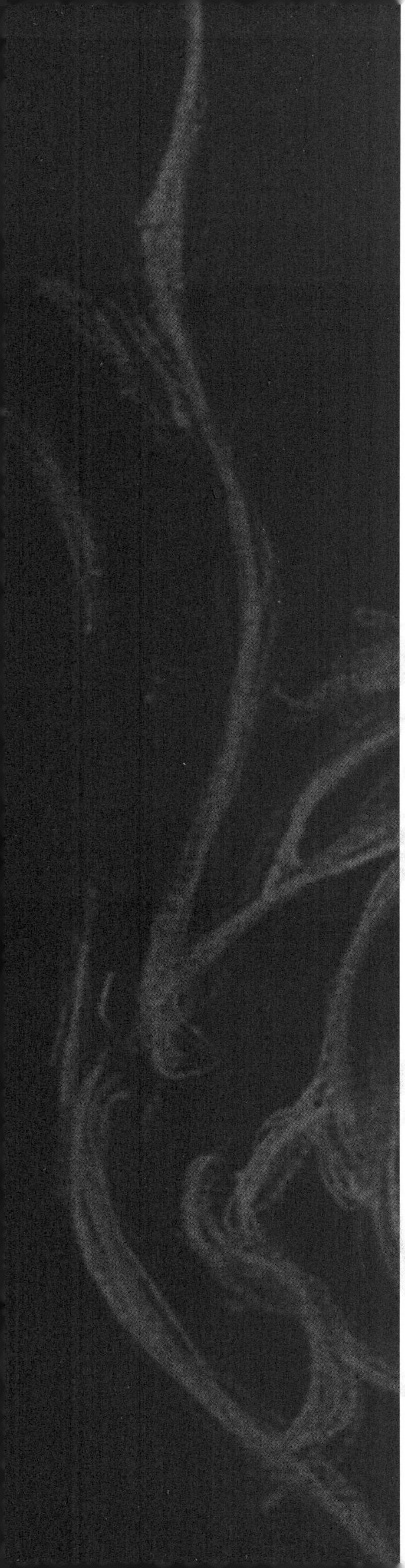

Merveille de courge laquée sur fourneau façon « tartine »

Très digeste, facilitant tous les transits chez les clients les plus exigeants, les voyageurs l'apprécient après une longue étape fastidieuse et les dames ankylosées le choisissent souvent, l'imposant même à leur chauffeur pour le détendre. Directement sur fourneau, un célèbre guide gastronomique en avait remarqué la délicatesse.

Merveille de courge laquée sur fourneau façon « tartine »

☞ INGRÉDIENTS

Un Wazi-Waza craquant et gonflé.

Un laqué chinois.

Un guide plutôt gastronomique.

TROIS ASTUCES POUR RÉUSSIR LE BRAISAGE

LE TRAVAILLER directement au motel, en sortie d'autoroute. Ne pas hésiter à trancher dans le Wazi-Waza s'il est prêt à craquer, ce qui est fréquent, après dix ans de craquant. Choisir le laqué parmi les sauciers. Le Waza, lorsqu'il est trop faisandé, est beaucoup moins croustillant. Son escargot petit-gris est mou et fade. Les braisages à feu vif étant donc de moins en moins utilisés, la Wazi s'est repliée à la façon d'une crêpe et ne s'étale plus guère dessous. Une paire de Wazi-Waza doit être donc réassaisonnée impérativement si l'on veut qu'elle reste « à la colle ». Le « Vas-y chiche » est nécessaire pour que le Waza ne se dégonfle pas à la dernière minute.

PASSAGE AU CHINOIS

Le chinois, en forme d'espèce de cône avec manche, doit être utilisé très finement. Il doit relever la fadeur de l'escargot, redonner du craquant aux noix du Waza. Pour ce, il faut remonter la minuterie et placer la Wazi, comme n'importe quelle courge, en braiseuse, avant qu'elle ne soit éteinte. On procède comme suit :
Entrer en cuisine et choisir parmi les laquais un saucier avec un visa en règle dont les paupières sont bridées à la cantonnaise : c'est notre laqué chinois.

•••

☞ Suggestion de présentation
« Bouchée à la reine »

☞ Conseil du chef
S'assurer que les fumets sont compatibles si l'on veut doubler les doses.

Le placer, en toque, débarrassé de son tablier, sur un fourneau (éteint de préférence) en laissant dépasser le manche (ce qui ne se fait pas quand il y a des enfants dans la cuisine). Approcher la braiseuse, défrippée, la soulever en grand écart et l'enfiler bien droite sur l'instrument pékinois copieusement huilé. Une bonne braiseuse s'écarte aisément à la main.

Le Waza peut alors exprimer tout son sel et, d'un coup, à son tour, crier « Vas-y ! » en donnant à sa moitié un mouvement régulier pendant quelques minutes, puis en accélérant suivant le rythme Wazi-Waza, bien connu, réglé sur la minuterie. C'est ce rythme qui relève en général l'escargot desséché. En rectifiant les assaisonnements en cours de braisage, le côté croustillant du Waza revient vite. Le badigeonnage Pékino sucré-salé, ginseng, auquel on vient d'apporter beaucoup de soin peut même meringuer le Waza pour un bon moment. Si, toutefois, l'escargot du Waza n'est toujours pas assez relevé, il faudra le passer à la chinoise, ce qui est moins facile.

« ...croyez-nous si vous voulez, mais la braiseuse resta impeccablement huilée pour quatre, bien chaude jusqu'à la fin ! ».

LE BON USAGE DU GUIDE

Cela se passe en général ainsi : le Godemyo a fini son entrée et tient à vérifier la préparation du plat du jour et l'état de la cuisine. Les notes prises, très critiques, sont vérifiées sur fourneau par cet excellent guide dans lequel on peut lire cet extrait élogieux : *« La Wazi que nous avons pu trouver en cuisine, écartée sur fourneau semblait être une braiseuse très propre, alors que le chinois la badigeonnait sucré-salé à la cantonnaise. Un Waza faisandé regardait et son petit gris semblait correct, plutôt ferme. Nous nous sommes donc permis de vérifier l'état du fourneau, nous y installant nous-même, pour goûter... Croyez-nous si vous voulez, mais la braiseuse resta impeccablement huilée pour quatre, bien chaude jusqu'à la fin ! »* Cet extrait confirme l'utilité du Godemyo, la conscience professionnelle, l'attention assidue qu'il porte à ses critiques.

On pourra sortir la paire de Wazi-Waza, complètement rafraîchie de la cuisine du motel et offrir à tous un Lavazza.

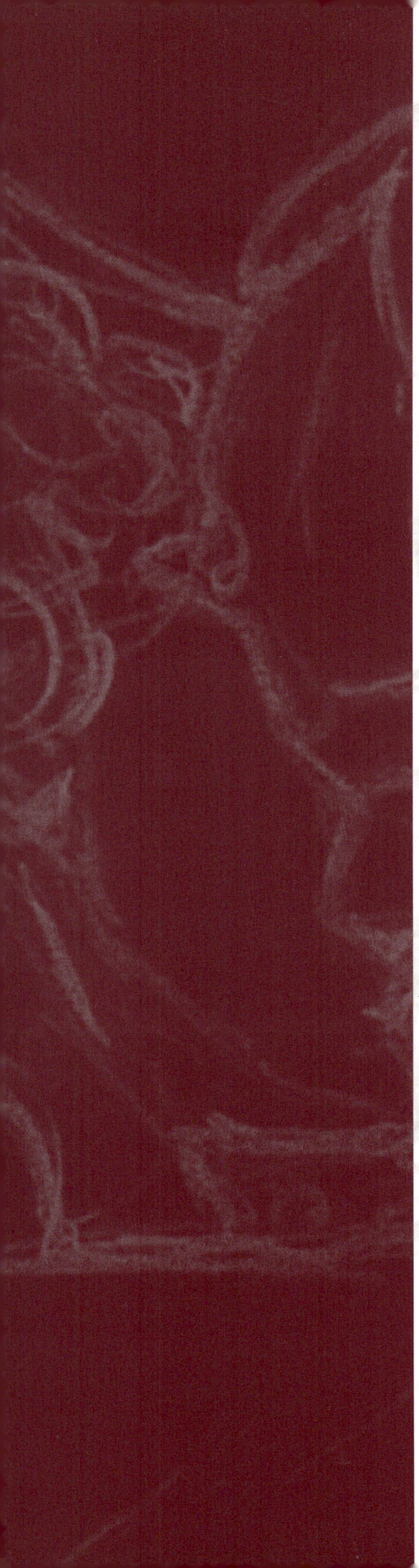

Carré d'agneau en amuse-gueule et croque-en-bouche

En réserve de ma carte, je ne l'ai servi que rarement. Extrêmement typé, je le préfère sur commande et j'avertis la clientèle pour que les assiettes ne me reviennent pas en cuisine. Passées ces précautions, les réels amateurs y reviennent souvent. Il en est même qui ne changent jamais de menu.

Carré d'agneau en amuse-gueule et croque-en-bouche

☞ INGRÉDIENTS

Quatre beaux agneaux de pré-salé, élevés sous la mère.

Une truite de Schubert frétillante, à la casserole, ou, à défaut, une « Michèle de Beatles ».

Le livre de recettes de Rémi Doré.

SÉLECTION DES AGNEAUX D'ÉLEVAGE, CHOIX DES INSTRUMENTS À BEC

IL FAUT impérativement piquer les agneaux, très frais, au sortir du conservatoire, en évitant les femelles. Mettre de côté, surtout, les mères, qui les ont bien imbibés de la douceur de leur parfum et de la tendresse abusive de leurs gâteries. Ne pas s'inquiéter sur les abus d'hormones, quelquefois même nécessaires, pour que la peau des prés-salés d'élevage ne soit pas trop velue. En effet, à poil, ils doivent légèrement rougir. La sélection permet de les distinguer. Leur raffinement peut même se relever d'un petit doigt et permettre d'éliminer le goût trop sauvage du mâle.

La disposition dite du « biberonnage » rappelle l'importance de la tétine lors des premières semaines de maturation du jeune animal. Elle se caractérise par un très joli tête-à-queue en cercle grâce auquel une cinquième pièce, une sixième peuvent toujours trouver leur place en allongeant la préparation.

La flûte de champagne originaire d'Épernay peut être remplacée en alternance par un beau hautbois roulé d'ébène ou même un petit pipeau des Vosges ou un « flûtiau des Alpilles ». On préfèrera également un bon quart de queue au crapaud, trop compact, et la classique traversière à petite embouchure au vulgaire tuba, trop large pour une pincée de bec fin.

• • •

☞ Suggestion de présentation

« En sucette fleur de nave »

☞ Conseil du chef

On peut tenter d'assortir les grosses pièces, toutes s'y prêtent si elles sont prises avec attention et, de toutes les façons, une ou deux bouchées suffisent à ouvrir l'appétit.

EXÉCUTION DE LA TRUITE

La disposition dite du « biberonnage » rappelle l'importance de la tétine lors des premières semaines de maturation du jeune animal.

La recette de Rémi Doré à base de filet de sole « dièse » fait les gorges chaudes des amateurs de partition : d'un côté, le quatuor, de l'autre, la soliste. En classique, une « truite » frétillante peut être frite en même temps que les agnelets se sucent en carré. Plus contemporaine et légère, une simple « Michèle de Beatles » est très bien aussi. La baguette du chef les dirigera dans un mouvement rapide jusqu'au sifflement de la bouilloire. Suivre du doigt la partition, séparer deux embouchures au hasard, y glisser l'une ou l'autre, discrètement. Accordée au bout de trois mesures, Michèle monte alors très haut dans la gamme des chaleurs. Au cœur d'un duo pipeau-trombone à pistons, par exemple, elle y sera très bien placée pour une grillade à poêle facile à dorer.

Si l'on a choisi la truite, c'est un peu plus difficile. Il faut la laisser frétiller jusqu'à ce que les agneaux de prés-salés la trouvent à leur goût, ce qui arrive si celle-ci sait prendre leurs instruments et les utiliser selon leurs conseils.

Pour ne pas laisser la truite à moitié exécutée, le chef la dirige d'une main de maître pour l'abandonner sur un clavier accordé un ton au-dessus. Les instrumentistes viennent en effet d'y faire jouer Michèle et reconnaissent humblement que ce n'est pas mal du tout. La truite passe alors toute seule. Mettre en évidence les passages aux croupions qui sont très bien détaillés dans les fiches-cuisine spécialisées.

Écouter chanter Michèle et laisser fondre le carré d'agneau…

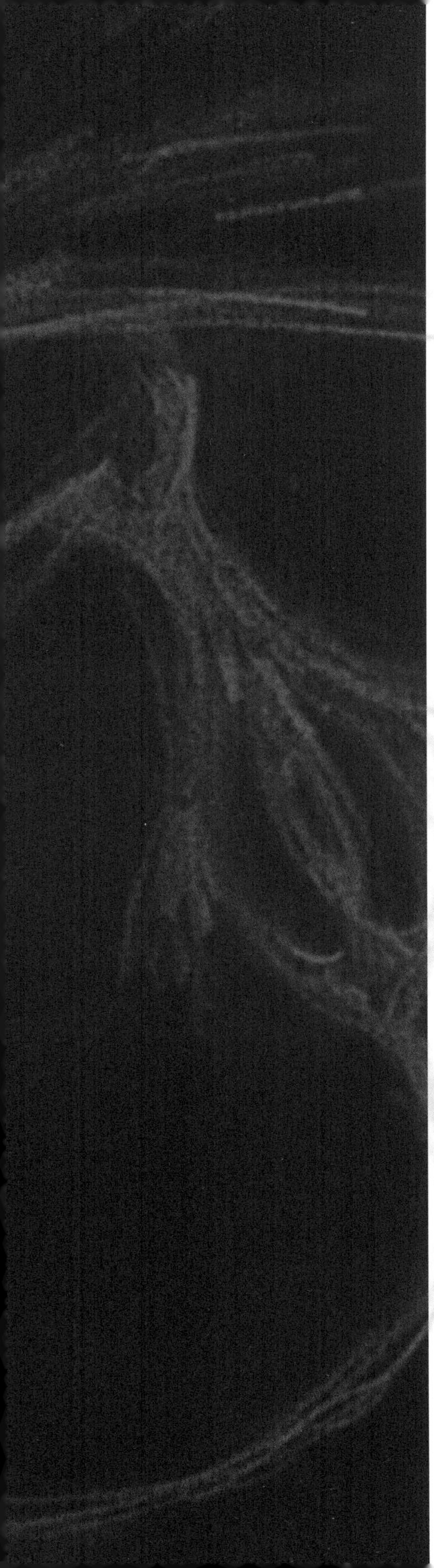

Petit gibier garni de queues de porc façon chasseur

Plat du jour à emporter dans les bois pour pique-niquer avec ses voisins, on y partage les petits paniers en s'amusant, chacun s'échangeant sandwiches et croque-au-sel. On aura choisi de porter des vêtements peu fragiles qui supporteront les coulures de mayonnaise et autres maladresses que les parties de campagne trop joyeuses ne manquent pas de provoquer.

Petit gibier garni de queues de porc façon chasseur

☞ INGRÉDIENTS

Un 4 X 4 tout terrain, carburateur double corps, garni à moitié de chasseurs cuits à la bière.

Une Sylvicultrice en sapinière.

Une jeune lapine en terrier pour la terrine.

LES RÈGLES DE LA FAÇON CHASSEUR

ON AURA préalablement éclairci une bonne surface de la forêt à la tronçonneuse. En garant le 4 X 4, écraser le plus possible les champignons pour éviter que les cueilleurs amateurs puissent les ramasser et les goûter. Sortir beaucoup de cochonneries en hors d'œuvre en les arrosant de bière ordinaire. Jeter les cartons déchirés des packs, les canettes et les capsules sur un lit de feuilles mortes. Noter que si les chasseurs ont été macérés dans le pastis, on obtient un aussi bon résultat.

Chauffer la baraque de chasse et attendre le passage du gibier. Le choisir bien rouge, accompagné d'une galette et d'un petit pot de beurre selon la bonne vieille recette grand-mère de lapine en chaperon (par les temps qui courent, il est bon de ne pas choisir la lapine trop jeune et non chaperonnée).

LA CASSEROLE

Surprise par la façon « chasseur », la lapine est saisie, tenue fermement et portée au chaud près du poêle pour un passage direct à la casserole. Elle est débarrassée des linges qui l'enveloppent, sa gueule étant maintenue fermée jusqu'au ficelage. En effet, pour la tenue en casserole, on doit ficeler les membres supérieurs dans le dos en dégageant le gras de poitrine.

• • •

☞ Suggestion de présentation

« Aux oreilles relevées de lapine »

☞ Conseil du chef

Après qu'elle a été bien fouettée, la mise en sauce est aisée car la crème est onctueuse et on peut finir à la Charles Perrault :
- Merci mère-grand, j'ai failli y passer !
- Qui va à la chasse perd sa place, mon enfant.

Beaucoup de cochonneries sont alors déversées autour du petit gibier dont les cuisses repliées à la hauteur du râble ont été ouvertes de manière à provoquer une belle entrée, un accueil soigné des chairs délicates de l'entre-deux, adapté au cramage à la queue de porc. Deux de celles-ci sont dégainées et présentées avec les cartouchières tirées des besaces.

Surprise par la façon « chasseur », la lapine est saisie, tenue fermement et portée au chaud près du poêle pour un passage direct à la casserole.

Si cette partie de la recette paraît trop répugnante aux débutants, on l'arrête de la façon suivante : sortir la Sylvicultrice de la sapinière, l'armer d'un ustentile quelconque, bien pointu, genre fourchette à gigot, avec lequel elle raye profondément les ailes du 4 X 4, en tournant autour au moins deux fois. Cela doit crisser sous la lame. Les deux queues, prêtes à mettre en terrine le râble, dérangées par le bruit, sont immobilisées, déconfites. Les chasseurs en ébullition se précipitent alors hors de la cabane et leur moelle, inutilisée, se déverse de l'extrémité des queues qui se replient, hors d'usage.

La Sylvie doit couper aussitôt les ficelles du gibier et, tandis que les queues de porcs, trop imbibées de pastis, n'ont pas pu tirer leur coup, elle peut prendre dans ses bras le petit gibier tout préparé, retirer les ficelles, le lècher jusque dans les tout petits coins et répondre enfin à l'appétit de gros pâté que les queues, trop chaudes et trop grosses ont toutefois su déclencher chez notre petit poussin.

La mise en terrine se prépare, très au calme, par un petit tête-bêche à la minette, qui sera, comme une sorte de « bon dessert grand-mère au petit beurre », cuit par Sylvie, dégusté par la p'tite. Décuités, eux, les chasseurs démarrent pour remettre à neuf leur véhicule et leur boîte à outils.

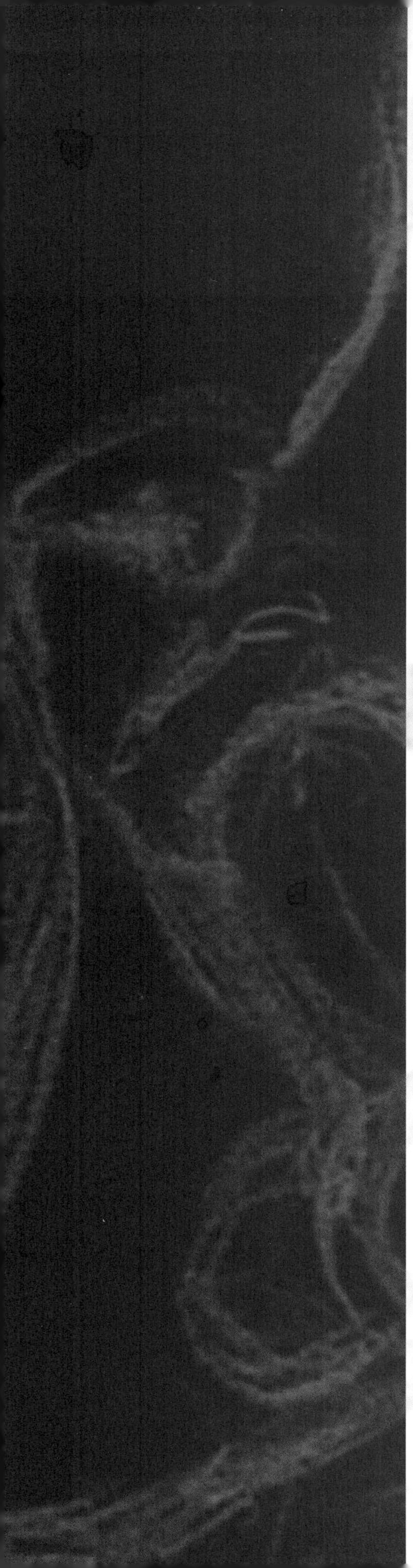

Croustillant de tournedos aux queues d'écrevisses

Le hasard et le goût d'Olivia pour les déglaçages à la Grande Chartreuse nous ont conduits dans une de ces cantines privées où, pour un prix assez raisonnable, on découvre de ces préparations persillées très fraîches que nous avons longtemps inscrites à notre menu du jour.

Croustillant de tournedos aux queues d'écrevisses

☞ INGRÉDIENTS

Deux petites chouttes, mode de chez nous.

Deux petites cervelles de brebis.

La Grande Chartreuse sur feuilleté d'oseille.

Poivre-et-sels sélectionnés.

CHOIX DES CHOUTTES, ACHAT DE LA GRANDE CHARTREUSE

ON LES CHOISIRA de Culture Pub, élevées Passy, affinées « Saint-Michel », sortes de galettes de Pont-Aven, complètement beurrées après 23 heures. Branchées double prise mâle-femelle, elles seront rappées à la « Solaar ». Pour la Grande Chartreuse, il est d'usage de prendre une belle mère maquerelle, car les petits maquereaux de ligne sont rares en saison. Les bonnes adresses se répandent, passent de bouche à oreille.

LES TOUFFES

Avant le déglaçage à la Grande Chartreuse, le taillage des touffes persillées doit à la fois réduire l'épaisseur (débroussaillage) et augmenter la douceur (rasage à la mousse). La façon « œil de chatte » (attention : ne jamais peler complètement les chattes siamoises) laisse une mini-touffe en cœur et se prépare au ciseau, tandis que la façon « nuit sur le mont chauve » se taille à la lame fine. La mousse est étalée au blaireau. La finesse de ses poils de queue est appréciée. La Grande Chartreuse aura choisi ses blaireaux avec soin. Les bronzés poivre-et-sel, qui sont recherchés pour leur bel âge, sont également appréciés dans l'étalage de la mousse et surtout pour leur garniture en portefeuille dont la grosse épaisseur de pâte feuilletée est copieusement garnie d'oseille ou de blé. Les blaireaux ne sont utilisables qu'après dégagement de l'oseille du portefeuille par transvasement.

•••

☞ Suggestion de présentation

« A la touffe en chouquette »

☞ Conseil du chef

On assortira les couleurs des touffes persillées, même si le placement des tournedos s'effectue sur le tas, au jugé, selon la quantité de denrées déja dressées.

LE TOURNEDOS

Les cervelles de brebis sont pochées, placées, réduites à l'extrême pour être installées dans les têtes de chouttes à seule fin que celles-ci soient utilisables à tout moment pour tout usage. Pour réussir le tournedos, une bonne « Culture Pub » aura donc un « œil de chatte » plus largement ouvert que sa cervelle de choutte. Le langage culinaire étant souvent très imagé, on dira qu'à ce moment, les queues de blaireaux sont sorties (langue-ouste) des emballages (creux-vices) c'est ce que l'on appelle le savoir-faire maison (home-art).

Pour la Grande Chartreuse, il est d'usage de prendre une belle mère maquerelle, car les petits maquereaux de ligne sont rares en saison.

Une bonne mère maquerelle verra se présenter au moins trois belles queues raffermies qui seront dressées à la mode de Caen, pour favoriser le placement des chouttes en tournedos par dessus. Le bon mélange ainsi assuré est dit « à la timbale inversée des chouttes mode de chez nous ».

QUELQUES DÉTAILS...

Dans ce genre de cantine, il n'est pas rare qu'un blaireau poivre-et-sel soit placé sur une choutte qu'il a lui-même élevée. Procéder alors très simplement, « à la tirade » :
- Qu'est-ce que tu fais ici ma chérie,
  je ne t'ai donc rien mis dans le crâne ?
- Et toi, Papa ?

Un blaireau de bonne tenue laisse alors la place à son voisin en surveillant que celui-ci soit de mesure correcte pour que sa petite soit gâtée. Il prend alors la choutte d'à côté en veillant à ce que la bonne éducation de la sienne se poursuive, genre Bac + 5.

Les chouttes à la mode sont également appelées « chattes de chez nous », pour la façon dont elles se lèchent à la flamme, puis ronronnent et s'ennuient sur les braises presque éteintes. À cause de cela, on remplace souvent les blaireaux poivre-et-sel sous les chattes à quatre pattes.

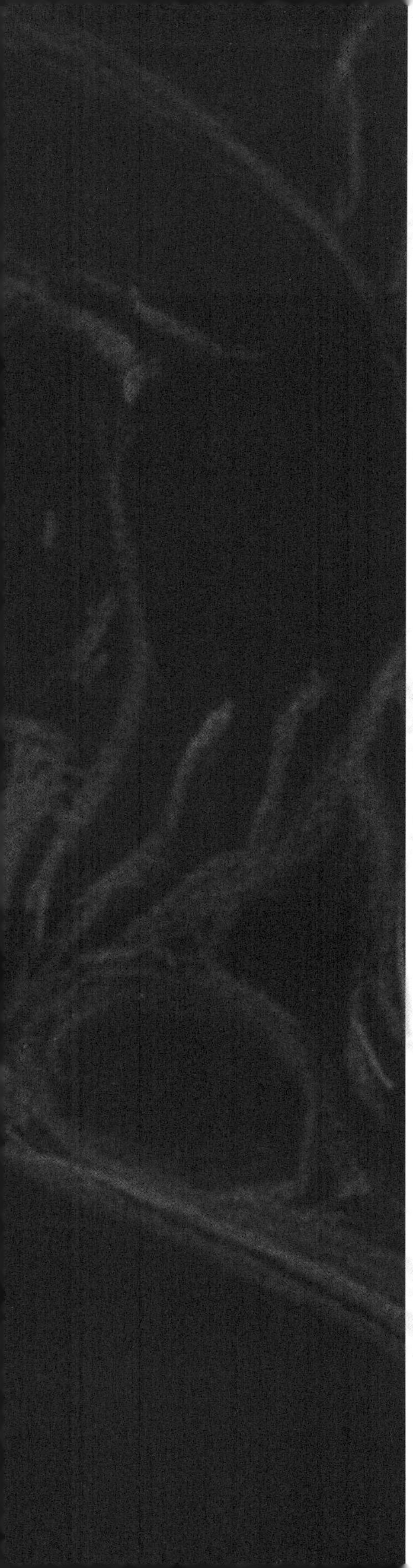

Enfournée tartare en chemise aux noisettes de marcassin

Cette recette spectaculaire est à elle seule un véritable souper aux chandelles. Je conseille de se procurer en location le décor de table jusque dans le moindre détail. C'est en effet de la présentation que dépendra chez l'amateur la sensation de dépaysement.

Enfournée tartare en chemise aux noisettes de marcassin

☞ INGRÉDIENTS

Trois nonnettes ordinaires en chapelet.

Une supérieure vieillie « Liqueur des Moines ».

Quatre belles miches cramées à point, sur montures non sellées.

Pâtisseries au choix : religieuse-éclair.

S'ENTOURER d'une bonne équipe de tourneurs, de monteurs et de dégustateurs car, tournage l'après-midi, montage le soir, dégustation « four en verre » en souper, cela fait beaucoup. On suggère, en outre, la dégustation « sur pellicule », dans sa présentation plus facile en livraison à domicile. La base de la recette est très ancienne quoique beaucoup de variantes se retrouvent encore de nos jours dans toutes les traditions. Plus ou moins tartares, elles sont toutes aussi barbares. L'enfournée de l'abbaye, reconstituée ici, doit garder le goût sauvage de la viande tendre et saignante, découpée très fraîche, tandis que l'enfournée du minaret, évitant le cochon, garde un goût de renfermé.

MISE EN FORME DES TARTARES

Prendre trois tartares minimum, soit une demi-douzaine de miches croustillantes. Celles-ci sont raffermies à la sauteuse car on les aura laissé monter à cru des juments durant quelques heures. Si le montage à cru tend à cuire un peu la peau des monteurs, il faut insister mais avec précaution : en cas d'excès, les miches entamées ne pourraient être frottées aux épices car elles seraient trop piquantes.

Répartir les noisettes de chaque côté de la tige tartare, sur les flancs de la bête car, bien disposées, elles ne risquent pas d'être écrasées, jusqu'à la présentation à l'abbaye, laissée entrebâillée. Le tartare y pénètre « en tagada ». Le tournage continue, le montage peut commencer.

•••

☞ Suggestion de présentation
« Les bâtonnets vanille en chandelle »

☞ Conseil du chef
Travaillées sur une base de canne à sucre, les nonnettes retournées sont imbibées à volonté.

AVANT LE PASSAGE AU HACHOIR...

Recueillir cinq nonnettes en chapelet. On peut se passer de la supérieure trop détrempée à la « Liqueur des Moines », et prendre des petites novices ordinaires, à confesse. À confesse, elles sont en effet délivrées de leur goût amer. C'est la chaleur répartie à l'intérieur de la nonnette qui fait tourner la soupape et le chant caractéristique des vapeurs. Elles connaissent si bien la manière d'agiter le goupillon qu'elles s'adaptent vite aux tartares et se passent de l'une à l'autre la belle tige à noisettes qu'ils savent brandir, au bon endroit, au bon moment. Le tartare à enfourner s'échauffe tout de suite et ne fait que traverser la religieuse comme un éclair. Le montage continue, le carnage peut commencer.

Le tartare bien monté doit mouiller la nonnette à volonté pour qu'elle puisse entamer un chant presque grégorien.

LA DÉGUSTATION « FOUR EN VERRE »

La salle de dégustation étant équipée d'un four en verre, sorte d'écran qui permet de suivre les événements image par image, on pourra surveiller la tenue du passage au hachoir tout en le commentant.

Pendant l'enfournée, très crue, et l'exécution au hachoir, très saignante, les dégustateurs peuvent s'échanger, dans l'obscurité, de fauteuil en fauteuil, des morceaux choisis, goûtant ceux que leurs voisins leur proposent à tâtons. Les dégustateurs se passent ainsi leurs impressions buccales et tactiles dans l'obscurité, de fauteuil en fauteuil, au fur et à mesure de leurs découvertes. Le partage de ces dégustations à l'aveuglette est indiqué pour deux, trois ou quatre.

Une petite salle de projection privée est idéale pour se taper, avec d'autres amateurs, ce plat chaud et gratiné, plein de surprises. Si l'on a aperçu, par exemple, sa sœur, en figurante nonnette écartelée, on appréciera de la retrouver bien vive, simplement ouverte, en levrette, sous le fauteuil d'à côté. Vulgairement, on appelle cette dégustation : « Se taper un esquimau à l'entracte ».

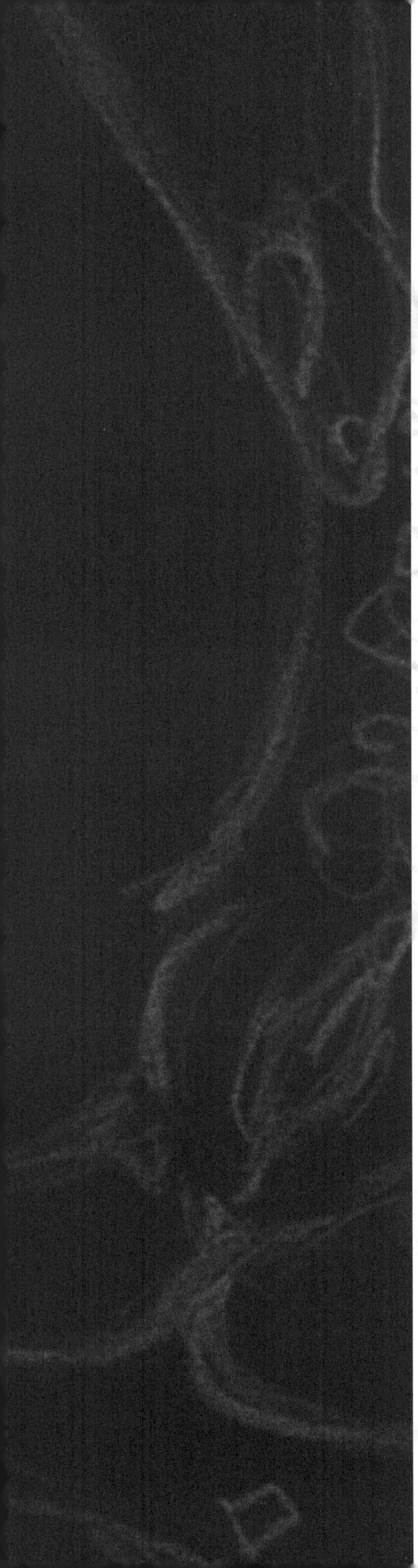

Gratinée de raie bouclée « beau quartier » tête-bêche sur le grill

Je ne fais en général qu'observer Olivia dans cette initiation à la cuisine de femme qu'une de mes tantes londoniennes, installée à Marseille, sert avec beaucoup de grâce. Il m'est juste arrivé de pratiquer moi-même le dépoêlage portugais sans toutefois réussir à conserver assez de finesse jusqu'à la fin.

Gratinée de raie bouclée « beau-quartier » tête-bêche sur le grill

☞ Ingrédients

Quatre morceaux de vache folle.

Des bulots, des frites.

Une bonne portugaise de ménage.

Le saucisson sec.

IMPORTANT :

On aura soin, pour cette recette, de s'initier à quelques pratiques gastronomiques originales qui, sans être nouvelles, sont remises au goût du jour : le dépoêlage Porto et le délicat touillage au bâton de berger. Il n'est pas superflu d'indiquer ici les petits coups de mains qui font l'élégance de cette cuisine essentiellement féminine. Les hommes, en effet, souvent trop durs à cuire, s'accommodent assez mal d'autant de tendresse, de souplesse des viandes et, en particulier, négligent presque toujours la préparation de la poitrine qui demande à la fois soin, attention et dextérité.

INSTALLATION PARISIENNE DE LA CRÈME ANGLAISE

Issue du gratin d'outre-manche, « Cream de Queen », notre maîtresse en cuisine d'outre-manche, aura sélectionné un beau quartier pour y installer ses fourneaux. C'est par son entrée de service, toujours entrebâillée, que s'introduisent les vaches folles nécessaires aux recettes quotidiennes. Chaque jour ayant son menu, nous nous limiterons ici à un exemple, le « Sussex queen » : *« En triple croque-madame, nous avons une pocharde frappée beurre noir et son mouchoir trempé, une pondeuse bien pleine de sept mois, engrossée porte-cochère, très bonne en omelette, recueillie en Resto du cœur ».*

•••

☞ Suggestion de présentation
« À l'étalée, mousse de courgette »

☞ Conseil du chef
Les marquises, décongelées lentement, se prêtent tout à fait au dépoêlage.

Notre Portugaise, dépoêlée le matin, est déja prête. Le dépoêlage s'est fait en cuisine de la façon que voici : prendre une bonne Portugaise de ménage. Comme elle sera disposée deux fois par jour au frottis « langue d'Oxford », la Portugaise est d'abord désablée, puis posée sur la table. Écartée, elle laisse la fine lame la débroussailler, en glissant dans les moindres replis moussus pour la débarrasser de son épais pelage, en particulier celui qui recouvre le petit bulot salé et la frite.

LE SOUPER AU FROTTIS À L'AIL

Touiller, touiller, touiller encore.

Dégager puis laisser les poitrines bien à l'air, les pétrir longuement, en pinçant légèrement les tétines si l'on veut plus de fermeté sous la langue. C'est le roulé de poitrine salée indispensable à un bon placement en sandwich. Allumer la cheminée et étendre sur le dos, sur un canapé, la pocharde épongée au mouchoir, la pondeuse, à plat dessus, et la dépoêlée en sandwich. Prendre un bâton de berger dur et sec, recommandé Godemyo pour sa raideur et sa facilité d'empoignade.

Attention cependant : il ne sera mis en touillage qu'après crémage de toutes les coquilles en « frottis du Sussex » par lequel, si l'on se souvient bien, on humidifie à la main, en accélérant au fur et à mesure de l'émergence de la frite et de l'épanouissement des bulots. Si l'on opère très doucement, on évite l'« aïe » lors du dégagement de l'opercule. La crème anglaise entre dans le triple-croque et le touillage au bâton sans ail peut alors commencer, sur le même rythme jusqu'à un premier palier, puis, quatre à quatre jusqu'au suivant. Touiller, touiller, touiller encore.

Quand un bon fumet se dégage des embouchures, c'est gagné : les vaches folles exhalent tous leurs effluves et ruissellent de sucs onctueux en ruminant de plaisir. Terminer en croquant des rondelles de bâton de berger avec un bon coup de rouge. Travaillée en viande garantie française, c'est beaucoup plus sûr, et, si l'on a tenu ses promesses, on pourra la payer trois francs, six sous.

Galopine de loup dans sa papillotte braisée à la moelle fermière

À la base de cette très bonne soupe, l'Aneth, jeune plante fleurie. Après une rapide formation dans mes cuisines, je dénichai une place de choix chez un couple de fermiers de mes amis à l'une de mes petites plongeuses stagiaires ainsi prénommée pour son parfum. Isolés, ils avaient essentiellement besoin de se réchauffer l'hiver quand se font rares les visiteurs. Cette recette a le mérite de mélanger des saveurs très rurales à des présentations très « nouvelle cuisine ».

Galopine de loup dans sa papillotte braisée à la moelle fermière

☞ INGRÉDIENTS
L'Aneth bergère de la ferme.
Un gros loup (bar).
Plusieurs variétés de curry.

UNE RECETTE simple, sur le pouce, pour réaliser, à la ferme, à l'improviste, un véritable gueuleton. Mais pourquoi gueuleton à la ferme ? Nous allons l'expliquer par le menu.

PRÉPARATION D'ÉTABLE, CHOIX DES CURRYS

Il faut bien soigner la propreté d'étable où l'on préparera les remplacements de fourrage. Aujourd'hui, on ne trouve plus guère que du fourrage d'ensilage, et l'accueil « fermière » devra s'en contenter. Cet accueil à la rurale prévoit un maximum de deux types d'ensilage par personne ainsi que la répartition du foin à brouter. La litière, changée, ne doit pas trop sentir les currys.

MONTÉE DU LOUP EN ESCALOPINE ET TAILLAGE EN PIPÉRADE

Les bars des lacs des forêts de l'Est étant en voie de disparition, un beau loup suffira, exceptionnellement monté, car la ferme, isolée sur une colline de conifères, est rarement visitée et l'escalade de la pinède, dure, raide et glissante. Seuls les représentants en agro-alimentaire viennent présenter une ou deux fois par semaine leur catalogue détaillé, en véritables champions de l'escalopine taillée en pipérade.

• • •

☞ Suggestion de présentation

« Braise moelle fort »

☞ Conseil du chef

On peut se régaler, sans préparation, de la cuisine la plus simple à condition d'avoir pris le temps d'éplucher pendant le préchauffage.

La présentation du catalogue et le suivi des prestations chaufferont d'abord l'Aneth, plus jeune, souvent prête à l'emploi, qui peut être immédiatement installée, très ouverte sur le devant, car, friand de chaudes entrées, le fermier aura déjà, tôt le matin, préparé la papillotte. Pour truffer la fermière, il lui a imposé par l'arrière, une ouverture de blouse à boutonnières, tandis qu'il a choisi, pour la jeune plante, une fermeture à glissière, sur le devant, suffisante à la fourbir. Elle est moins coriace et plus aisée à manipuler sur litière de trèfle.

Cet accueil à la rurale prévoit un maximum de deux types d'ensilage par personne ainsi que la répartition du foin à brouter.

LA PAPILLOTTE

Une véritable papillotte, main gauche, main droite, s'effectue en chatouille boutonnière derrière, glissière devant, tirage double, sans problème pour un bon escalopeur. À défaut d'avoir pu acquérir la dextérité nécessaire, il pourra toujours, en débutant, grignoter sur paille la fermière en « galopine bergère » et aussitôt rassurer l'Aneth sur son utilité en la gratifiant d'une banale saillie percheronne.

Souvent, la grogne du fermier, devant ces essais approximatifs, l'oblige à se faire lui-même, tout seul, « en passe-passe Nicolas ». Quand l'affaire est faite devant l'étable, les blouses sont réajustées et le fermier tartine la belle Aneth de moelle fermière tiède.

Ces quelques échantillons exécutés ici très vite à titre de démonstration, on peut garder le loup toute la nuit dans les currys pour réchauffer la totalité des plats du catalogue. L'un, en particulier, consiste à attendre que le couple de fermiers, bien cuit, ronfle gentiment. On pourra voir alors l'Aneth et le loubard s'offrir une bonne rasade de « douce-amère » toute en tendresse en oubliant les directives purement commerciales.

Au matin, l'Aneth peut enfin gueuler. Gueuleton à la ferme, oui.

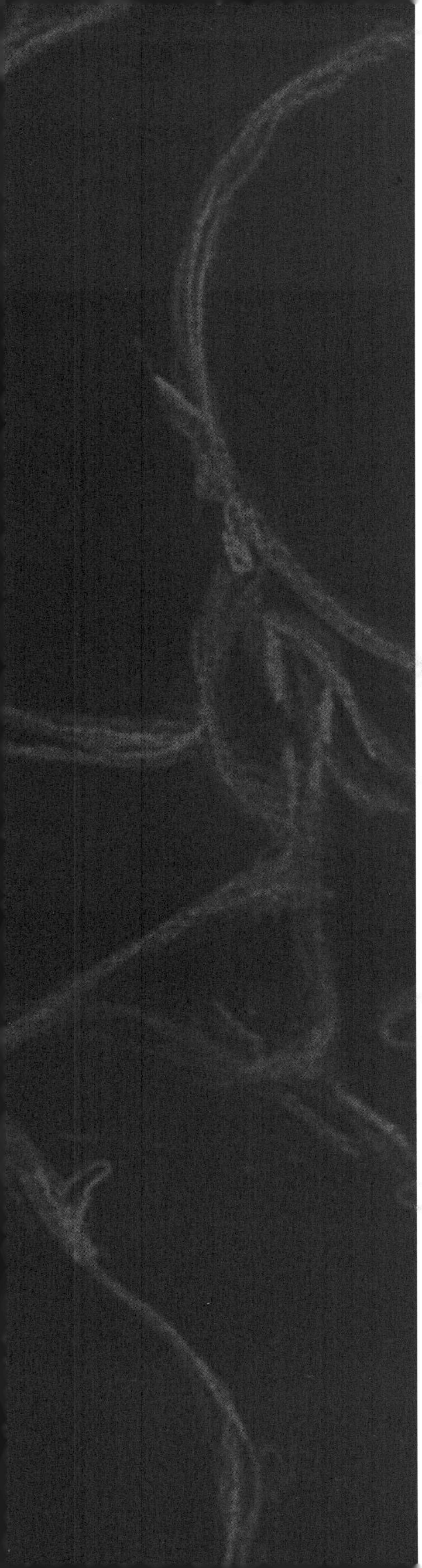

Poule aux « quatre Henri » sur blanquette et son trou normand, cul sec

Il s'agit là d'un jeu culinaire raffiné où Olivia m'entraîne une fois par an. Nous avons pris goût à cette sorte de « viol au vent » très vanillé qui ne me plaisait qu'à moitié avant que je choisisse de jeter moi-même ma poule au bouillon « quatre Henri ».

Poule aux « quatre Henri » sur blanquette et son trou normand, cul sec

☞ Ingrédients

La poule, qu'on apporte soi-même, si possible.

Le pinot noir d'entrée et les grands crus d'usage.

L'épinette et ses deux Octaves.

LE CADRE, LA RÈGLE, L'ENTRÉE

La règle du jeu en est précise car le « viol au vent » ne se monte qu'au fouet, au château Renoir 1939. Le luxe du cadre, la délicatesse de l'accompagnement à l'épinette sur deux Octaves, font de ce chef-d'œuvre, le régal des connaisseurs. Chère, la soirée est peaufinée dans les moindres recoins et, du grand salon à l'office, on dénichera toutes sortes de finesses gustatives, au hasard des services. Un bon exemple, le « quadrille de couloir », qui se saute très vite, à l'aveuglette, ou encore, la « mimine de vestibule », tout en tendresse, avec entrée libre des invités et « guetteur de tenture » à l'affût. Les pique-assiettes peuvent ramasser, même, quelques restes.

Le choix des invités s'étant fait sur leur bon goût, ils n'y seront mêlés qu'en couple et se farciront des mets copieux, pour deux personnes. L'excitation des papilles se faisant dès l'entrée, où un grand pinot noir, offert par le patron, sera proposé, sans supplément.

Les moins farouches des invitées pourront l'avaler cul sec, mais la plupart attendront les plats principaux. Cette patiente attente permet de les mouiller beaucoup, de préparer les chairs les plus tendres aux condiments et aux piments les plus forts.

•••

☞ Suggestion de présentation

« Le quatre-quart pour deux »

☞ Conseil du chef

Cuisiner comme ça vient, quand ça vient, car une bonne introduction à la cuisine bourgeoise ne nécessite aucune connaissance particulière.

MISE AU POT DE LA POULE

En « viol au vent », sur la terrasse, on commence par le lâcher d'une poule à mettre au pot, bien choisie, agréée par tous, repérée grâce à son fier jabot et à ses gloussements. Elle est coursée longuement avant d'être peu à peu plumée, blanchie, retournée enfin et cuite à l'Henri IV. Quoiqu'elle n'aie aucune chance de s'échapper, il faut qu'elle se débatte bien, qu'elle caquette, qu'elle pousse les gloussements appropriés pour qu'elle soit bien désirée. Si l'on a apporté la sienne, il faudra bien sûr abandonner sa part tout en s'assurant d'un bon partage.

Chère, la soirée est peaufinée dans les moindres recoins et, du grand salon à l'office, on dénichera toutes sortes de finesses gustatives, au hasard des services.

TREMPAGE AU TROUFFION HENRI IV

Henri s'amuse à la tenir tandis qu'Henri la prend sur blanquette. Henri et Henri attendent le deuxième service et pratiquent de même. Les quatre Henri passés, heureusement, Mozarella… et l'épinette peut être jouée sur les deux Octaves ! Une pincée de cumin introduite au bon moment par Octave l'épanouira en « scarole de Monaque » tandis qu'Octave en relèvera la saveur « tirée du fût en cave » et mise en bouteille au château.

Pendant cette diversion, pour arroser la poule, les grands crus sont classés selon l'âge. Mais attention, les plus jeunes, gouleyants, s'ils ont du corps, sont quelquefois bouchonnés alors que les millésimes 69 restent en bouche plus longtemps. On les fera donc se succéder en prenant soin de les alterner.

On peut bien entendu préférer, aux grands crus servis au petit jour, les petites cuites de fin de nuit… Quoi qu'il en soit, et pour résumer, le trou normand est toujours le bienvenu pour repartir en cuisine sur la poule du voisin tandis qu'on laisse la sienne se faire tremper de chopines bien pleines de toutes origines.

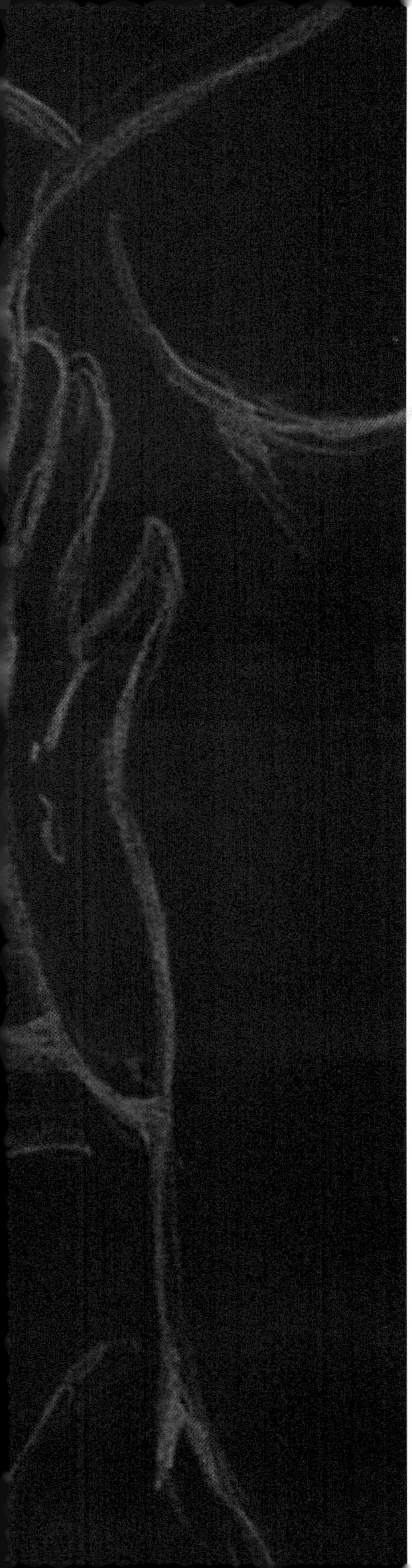

Fourre-tout de petits maquereaux à la cochonnaille très garnie

Se lancer dans la grande cuisine est le pas à franchir le plus tôt possible si l'on veut échapper à la restauration bon marché. C'est donc le soir même de notre mariage que j'emportai Olivia, réticente de par son éducation aux mélanges trop novateurs et trop brusques, dans ce formidable menu de banquet essentiellement composé d'un méli-mélo de girolles bien ouvertes sur un lit de bananes flambées accompagné d'une fondue à l'andouille chaude, d'une poitrine moulée nappée de crème d'asperge fouettée et d'une farandole de sucettes fourrées...

Fourre-tout de petits maquereaux à la cochonnaille très garnie

☞ INGRÉDIENTS
Trop d'ingrédients !

IMPOSSIBLE de faire dans le détail tant le fourre-tout de chez « Lisette » est riche et copieux. Il faut découvrir et choisir dans les parties carrées des quartiers chauds, les meilleures chairs. Poitrine, jarrets, tripes, vice-lard demi-sel y sont bourrés, en vrac, sans ordre particulier. Ils mijotent ainsi, souvent fumés aux herbes jusqu'au matin.

PRÉPARATION « PONT DES SOUPIRS »

On conseille donc d'offrir un fourre-tout en cadeau de noces. Il remplace agréablement un voyage à Venise et la jeune mariée, au-delà de son étonnement, distinguera en une nuit, nombre de finesses qui feront bientôt d'elle un cordon bleu… Cela bien sûr, si la pièce de porc, aux relents assez faisandés, dans laquelle on la fera pénétrer, lui est présentée comme le luxe trois étoiles dont chacun rêve, et si on a su prendre fricassée pour s'en payer une bonne tranche.

On aura accoutumé la promise à quelques principes d'identification simples car il est indispensable de repérer, dans le méli-mélo, au moins les girolles : *« À texture de peau de pêche, ambrée, aux rebords légèrement enroulés, la girolle se présente comme un entonnoir, largement ouvert en corolle »*. On en aura vérifié les images dans un livre où l'on aura fait connaissance avec d'autres comestibles, en particulier le beau cèpe de Bordeaux charnu, ferme et gonflé. On y aura retenu que la souplesse de la girolle s'allie parfaitement à la fermeté du cèpe, foutrement bon.

•••

☞ Suggestion de présentation

« Alternance et consensus »

☞ Conseil du chef

Alterner tendresse et fermeté, d'un bout à l'autre de la brochette.
L'herbe, même fumée, est inutile.

UN EXEMPLE D'ENTRÉE EN FOURRE-TOUT

N'oublions pas que le mélange porcin est bourratif : « un véritable étouffe-chrétien » disent les gourmets. Jetons-y donc vite la petite mariée toute blanche pour la faire sauter en méli-mélo. L'avantage du « Chez Lisette », consiste en ce que les girolles se mouillent en méli-mélo, mais il est si peu compact qu'elles peuvent se détacher si l'on veut les déguster, au choix, l'une après l'autre, ou toutes ensemble.

Ouvrir au hasard deux jarrets, de bonne fente, jusqu'à voir apparaître une petite morille annonçant l'ouverture de la girolle poivrée prête à la défonce par frottage du gland et des noix. Ce sera là le modèle d'une entrée en lune de miel. Bien sûr, la fraîche épousée va aussitôt se rétracter et se faire toute petite : tout l'art de monter la chaleur jusque dans ses tripes consiste à la faire passer de petites gâteries sucrées en plâtrées copieuses.

Il faut découvrir et choisir dans les parties carrées des quartiers chauds, les meilleures chairs.

L'arrachage et le déchirage de la robe blanche provoquent un grand moment de panique et on doit, à chaque instant, soit l'attendrir en la caressant, soit la secouer pour qu'elle continue de profiter. Si l'on a été attentif, on peut l'admirer, glissée entre deux couches, se faire lécher les rebords comme les autres. Au bout de dix minutes à peine, on la regarde engloutir une grosse belle andouille à dégorger et la travailler avec maîtrise.

MISE EN GARDE

Ces quelques minutes ont suffi pour qu'elle couine bien. Aussitôt, il faut la bourrer. Si elle chuinte, on la rebourre. Si elle chouine, on la ramène vite fait à la maison, car le goût de petits maquereaux peut l'emporter en fin de cuisson et elle risque alors d'être utilisée « à la rentable », en addition salée, et d'atterrir « Chez Monique »… Il faut rapidement la retrouver dans le ragoût et ce n'est pas facile, vu l'encombrement. Attention : le fourre-tout « Monique » est amer. Elle utilise trop de vieux croûtons et notre épousée finira en sucettes fourrées à cent balles.

Tête de nègre à l'étouffée dans sa coquille chaude

L'écrivain Geneviève Palourde, auteur des deux tomes de « Savoie », m'a soufflé cette astuce gastronomique… Olivia, toujours pointue, a voulu tester elle-même la plume du nègre, l'a trouvée de très bonne qualité et surtout très alerte. J'ai même dû l'aider à finir. Il est dommage que cet homme de talent ait disparu…

Tête de nègre à l'étouffée dans sa coquille chaude

☞ Ingrédients

Une palourde.

Un avocat.

Deux tommes (étuvées).

NOTE SUR LE NÈGRE

Le nègre est engagé sur sa qualité de plume qui sera souple, déliée mais vive. La diversité de ses styles s'adaptera à de nombreux sujets et saura exprimer le sel de chaque commande. Entré dans le vif, il sait en général l'emplir en profondeur et manier sa plume en souplesse en gardant sa fermeté de styliste de tout poil. Le maniement de la plume du nègre, le trempage dans l'encrier sont racontés, avec un curieux vocabulaire, par Geneviève Palourde elle-même, dans l'extrait reproduit ci-après. Même si, en général, les nègres les plus nombreux sont chez nous de race blanche, il en existe quelques-uns, notons-le tout de même, de race noire. Il faut noter que l'étouffée de tête de négresse sur Saint-Jacques, plus rare, plus copieuse, mérite qu'on lui consacre une explication détaillée.

PLUMAGE ET BROCHAGE

Ici, le nègre commandé doit feuilleter le demi-livre de bonne pâte pour le reprendre intégralement avec sa patte à lui. Si l'introduction est mal engagée et ne permet pas d'aborder la première partie, fine, le nègre devra prendre en charge l'ensemble de façon progressive.

Après avoir fourré son nez un peu partout, on verra le nègre affûter sa plume pour la tremper. La Palourde, écrivain contestable mais habile, s'ouvre alors toute seule assez facilement et offre les tendres replis rosés dans lesquels la plume peut être à l'aise comme dans les pages d'un petit

•••

☞ SUGGESTION DE PRÉSENTATION
« Langues de chattes »

☞ CONSEIL DU CHEF
Juste tartiné recto-verso, un simple sucré-salé n'utilise pratiquement pas d'imagination.

carnet intime. Après quelques aller-retours plus ou moins littéraires, un premier jet est lâché. Le nègre doit éponger l'excès, gommer les traces de bavures, corriger ce premier jet pour ne pas laisser passer de coquille dans la présentation définitive, brochée, de la première tomme.

Pour une « étouffée à la tête de nègre » convenable, les cuissots de l'écrivain doivent se refermer sur le fouineur de coquille jusqu'à le ramollir complètement.

Après avoir fourré son nez un peu partout, on verra le nègre affûter sa plume pour la tremper.

ACCOMPAGNEMENT À L'AVOCAT

L'intérêt d'étouffer est ici essentiel et il est toujours bien dur d'y échapper. Cela permet de ne pas préciser l'intervention du nègre dans l'élaboration du produit et de garder pour soi seul, le succès de la recette et les droits d'auteur. Dans ce cas précis, si l'on veut éviter l'étouffée on peut mouiller sa plume en présence d'un avocat, procédant comme suit : le nègre échaudé une première fois, dépose préalablement un avocat très cher qu'il aura sucré un peu, puis installé discrètement sur place. Un flagrant délit de plagiat, avec tentative d'étouffement du nègre est ainsi constaté.

EXTRAIT DE « PALOURDE EN HORS COMMERCE »

Le style de l'écrivain, s'il est précis, présente malgré tout un aspect poétique qui n'échappe à personne. *Elle me cuisait, entrant et sortant au rythme de ses râles, chaque fois m'ouvrant un peu plus, m'enfonçant plus profond. Elle était si grosse, si raide et si rouge qu'elle reléguait toutes celles qui m'avaient défoncée au rang d'allumettes suédoises. Lorsqu'il vint nettoyer, de sa langue, nos coulures, j'eus l'idée, amusante, de serrer mes cuisses aussi fort et aussi longtemps que je pus. Il cessa de respirer au bout de quelques minutes et le jetant, inerte, au bas du lit, je me précipitai vers mon ordinateur pour retirer son nom qu'il m'avait imposé d'inscrire en tête du manuscrit…*

« Je n'aime décidément pas les nègres ! »

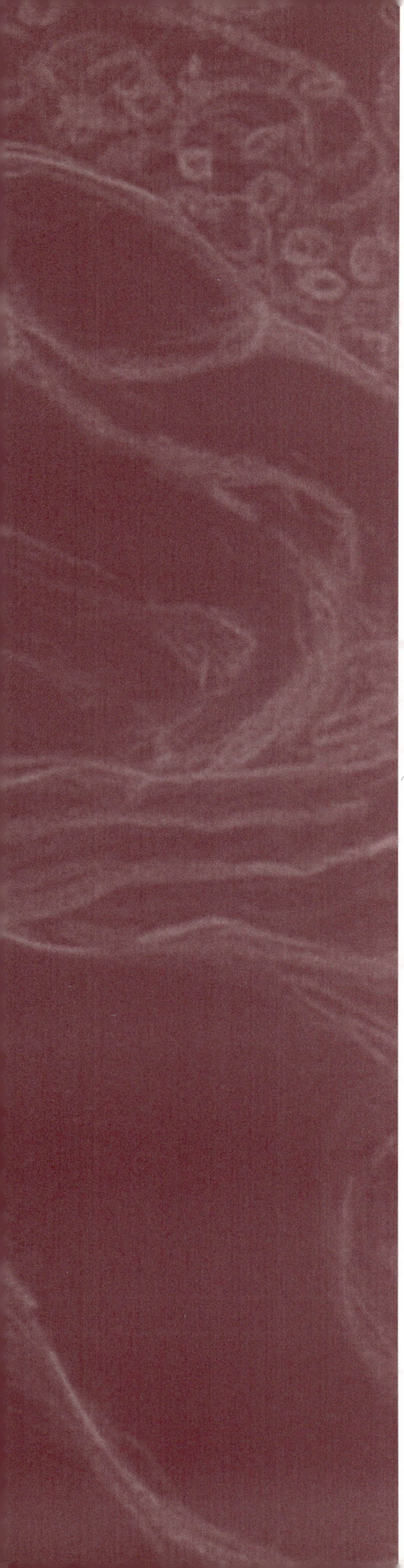

Boudin créole en branlade aux accros de morue

Voilà encore comment d'un plat fade, on tire une succulente surprise. La lassitude d'une charmante employée assez dodue qu'avec Olivia nous avions cuisinée trop longtemps, s'est effacée du jour où je l'ai déposée en boîte et où, piquée de piments créoles, elle fut garnie à la manière d'une morue jusqu'à plus soif.

Boudin créole en branlade aux accros de morue

☞ INGRÉDIENTS
Un boudin au minimum.
Quelques accros de morue.
Les trois beurettes.
Le panier à salade.

On ne présente plus le boudin créole, ce qui ne veut pas dire qu'il ne soit pas présentable, surtout aplati sous plusieurs couches d'accros. En tous les cas, c'est la branlade d'accros de morue, telle qu'elle est pratiquée, qui n'est quelquefois pas très « Antilles ». Il ne faut pas, non plus, que ce soit trop « salsa ». Toutes les belles figues fraîches des trois beurettes qui accompagnaient notre boudin sont déjà ouvertes, écartées, retournées, pulpe écarlate étalée vers l'extérieur, au jus. Nos trois fleurs de figues, Angélique, Rose et Clémentine, sont étalées, fourrées, ravigottées et le parfum mélangé d'angélique, de rose et de clémentine embaume. Pour elles, tout fut très aisé, car, emballées, elles n'étaient recouvertes que d'un voile de tulle, laissant s'exhaler leurs effluves de fines de claires n°3, que trois belles cannes à sucre ont su ouvrir sans difficulté. La peau violacée des figues ourlées façon boutonnière, fut ainsi bien léchée et les fruits évasés bourrés à ras de crème d'amande, sur coussin, tandis que le boudin en boîte pleurait un peu, en tapisserie.

LE BOUDIN DANS SA BOÎTE

Le boudin crépu en boîte est une crépinette pas trop flasque, large tout de même, de belle couleur chocolat, ramassée avant la fermeture, bien imbibée de punch citron vert. Les accros se durcissent en superbes « Pointe-à-Pitre ». Prendre des costauds de métropole (Forts de France) et les laisser nettoyer notre boudin puis le garnir. Les accros ne doivent pas se dégonfler : en poser deux ou trois sur la crépinette. La prendre vite, hors piste, en plaçant les hauts de cuisse et les épaules absolument comme on

•••

☞ Suggestion de présentation

« Les rastas touillent »

☞ Conseil du chef

Mais bien sûr que le boudin se bourre toujours avant d'être sauté !

veut, mais sur le champ, car trop d'attente en ramollit les chairs. Emplie par les deux bouts, elle est ainsi, comme on dit, consolée « aux loukoums ». Sorti de la boîte, replier le boudin et enfoncer le premier accro. En branlade, il est secoué à vif, chaud et retiré pour laisser la place au second, sans éponger. Laisser pleurer le boudin puis enfoncer le deuxième accro et ainsi de suite car le videur de boîte peut s'y mettre et la mettre aussi.

ATTENTION À L'ESTOUFFADE DE MUSEAUX DE BEAUFS AUX CROUPIONS FRITS !

Un beau beauf est en général bouffi, couperosé, rouge vif. Le beauf, type poulet, pratique la ratonnade directement en panier à salade.

En sortie de boîte, on risque de tomber sur un panier à salade prêt à secouer les beurettes. Le panier, plein de museaux de beaufs reste en attente. Un beau beauf est en général bouffi, couperosé, rouge vif. Le beauf, type poulet, pratique la ratonnade directement en panier à salade, après ramassage en sortie de boîte et bavures diverses. Les expressions culinaires qu'on peut entendre ont un goût sauvage et nécessitent quelques explications, évoluant très souvent. Ainsi, le poétique « faire mouillette en cramouille de crouille » correspond à l'ancien « passer à la merguez de rates du Maghreb », et le direct « niquer la tapette coco » au désuet « se faire un Bernard-Henri au Fouquet's ».

Si l'on fait bien attention, sur les conseils du videur de boîte, les groins ruisselants de mousse de Kro ne sentiront pas les figues fourrées pâte d'amande ou les loukoums trempés très doux qui passent. Sinon, ce sera l'estouffade habituelle, si bien décrite par l'écrivain Geneviève Palourde dans son style désormais familier. *Elle me cuisait, entrant et sortant au rythme de ses râles, chaque fois m'ouvrant un peu plus, m'enfonçant plus profond. Elle était si grosse, si raide et si rouge qu'elle reléguait toutes celles qui m'avaient défoncée au rang d'allumettes suédoises. Lorsqu'il vint nettoyer, de sa langue, nos coulures, j'eus l'idée, amusante, de serrer mes cuisses aussi fort et aussi longtemps que je pus. Il cessa de respirer au bout de quelques minutes, et, le jetant, inerte, hors du panier. Je me précipitai vers mon ordinateur pour écrire :*

« Je n'aime décidément pas les poulets ! »

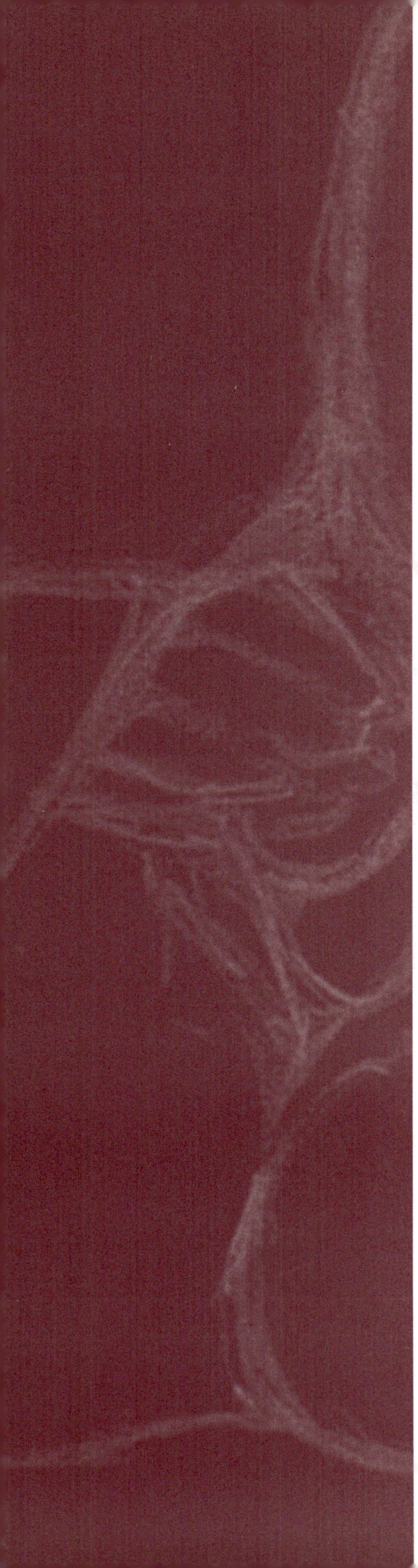

Quelques idées d'assiettes…

ou, tout simplement, quand une ou plusieurs visites débarquent à l'improviste et qu'on n'a pas le temps de cuisiner. Ces en-cas peuvent être servis « sitôt dit-sitôt fait »

…pour les jours de fête,

Rouleau de printemps en beignet

Se cuit dans les vapeurs ou au saindoux. Éviter les cocottes-minute qui raccourcissent beaucoup trop le temps de cuisson.

Aux trois toques sur le guide

Vaut le détour s'il est relevé jusqu'à retrouver son piquant d'origine et si rien n'est plongé avant que soit vérifié l'équilibre de la marinade.

☞ L'ÉPI DE FANNY

Une fève, au choix, est glissée dans la frangipane pour que la reine soit tirée. Se méfier des produits de grande distribution.

☞ CALZONE, ŒUF À CHEVAL

Un grand Pineau des Charentes, servi en flûte, accompagne la poire Belle Hélène, bien présentée.

…et pour les jours de match.

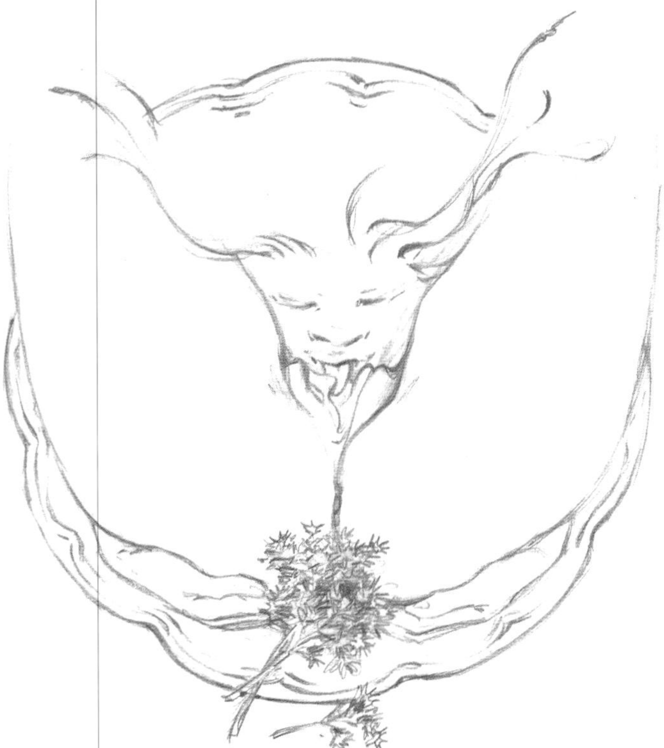

☞ LA MOUSSELINE
« SORTIE DE FRIGO »
Idéale pour se réchauffer entre voisines lorsque leurs maris sont « au foot ». Règler le thermostat 6/9, four entr'ouvert.

☞ LE RAB' À LA CANTINE
Avec l'habitude, il devient superflu de peser les quantités souhaitées, ce qui permet de ne pas laisser trop refroidir la cuisinière.

☞ Une coupe pour tout le monde

Il s'agit là, justement, pour les maris « au foot » d'un brunch à la mi-temps. Ici, deux penalties et un coup franc. Notons qu'ils peuvent retourner sur le gril tant que les résistances restent incandescentes.

☞ À la cuillère en bois

Idéal pour la digestion, ce service minimum reste toujours possible quand tout le monde est « au foot ».

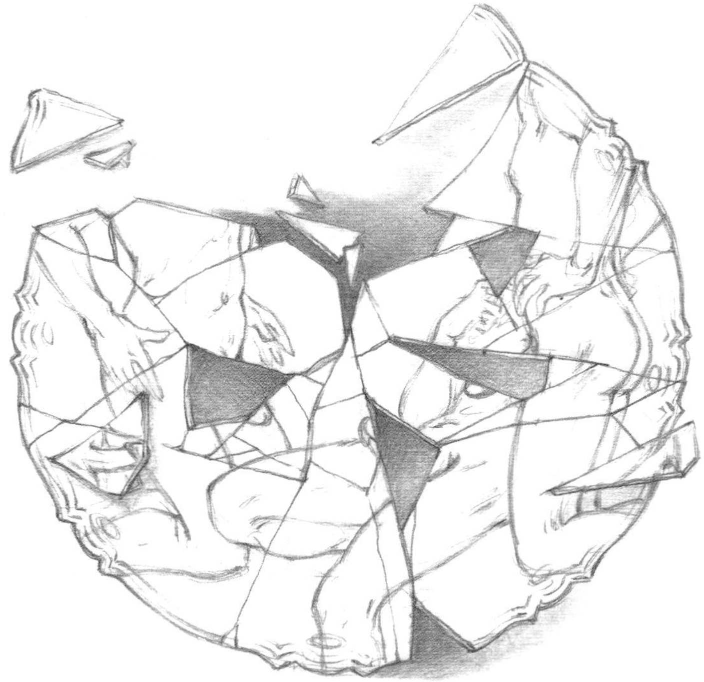

Conception graphique et mise en page : Frédéric Nicolas.
Achevé d'imprimer en novembre 1998
sur les presses de l'imprimerie Durand à Luisant (France).

Dépot légal : novembre 1998
ISBN 2-910-599-39-6
Imprimé en France